Íconos Americanos

Steve Goldsworthy
y Heather Kissock

La Estatua de la Libertad

www.av2books.com

Paso 1
Ingresa a **www.av2books.com**

Paso 2
Ingresa este código único
AVE58583

Paso 3
¡Explora tu eBook interactivo!

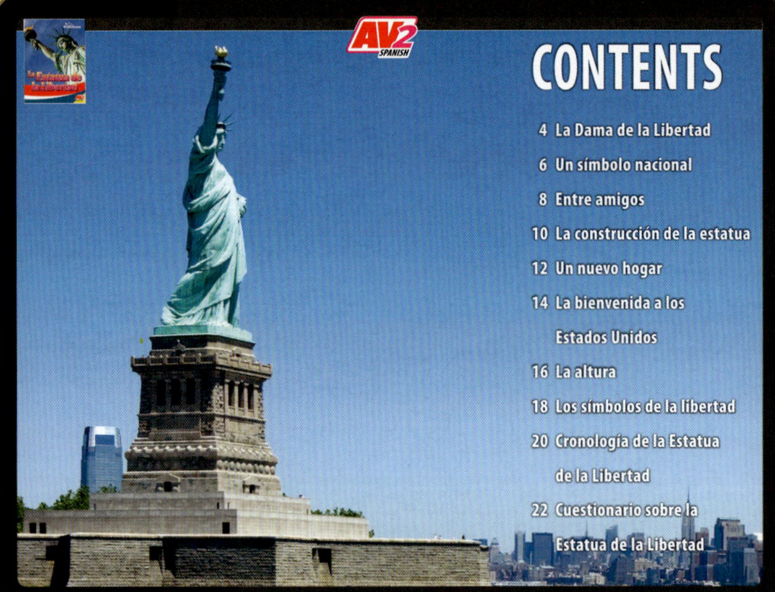

AV2 es compatible para su uso en cualquier dispositivo.

Tu eBook interactivo trae...

Contenido
Examina la página de contenidos para navegar fácilmente por los recursos

Audio
Escucha las secciones del libro leídas en voz alta

Videos
Mira videoclips informativos

Enlaces web
Obtén más información para investigar

Presentación de imágenes
Mira las imágenes y los subtítulos

¡Prueba esto!
Realiza actividades y experimentos prácticos

Palabras clave
Estudia el vocabulario y realiza una actividad para combinar las palabras

Cuestionarios
Pon a prueba tus conocimientos

Comparte
Comparte títulos dentro de tu Sistema de Gestión de Aprendizaje (LMS) o Sistema de Circulación de Bibliotecas

Citas
Crea referencias bibliográficas siguiendo el Manual de Estilo de Chicago

Este título está incluido en nuestra suscripción digital de Lightbox

La Estatua de la Libertad

CONTENIDOS

La Dama de la Libertad

La Estatua de la Libertad es un famoso ícono de la ciudad de Nueva York. Es también una de las estatuas más famosas del mundo. El nombre oficial de la estatua es "La libertad iluminando al mundo", pero se la suele llamar la Dama de la Libertad. Esto es porque se cree que el diseño representa, al menos parcialmente, a Libertas, la diosa romana de la libertad.

Las estatuas más altas de EE.UU.

La Estatua de la Libertad, Ciudad de Nueva York, Nueva York

151 pies (46 metros)

Pegaso y el Dragón, Hallandale Beach, Florida

110 pies (34 m)

Nuestra Señora de las Rocosas, Butte, Montana

90 pies (27 m)

El Golden Driller, Tulsa, Oklahoma

76 pies (23 m)

Un símbolo nacional

La Estatua de la Libertad es un símbolo de la libertad e independencia estadounidense. Una placa en la entrada exhibe el poema *El nuevo coloso* de Emma Lazarus.

El poema contiene las famosas palabras, “Dadme a vuestros rendidos, a vuestros desdichados, a vuestras hacinadas muchedumbres que anhelan respirar en libertad”. Muchos sienten que estas palabras resumen los ideales que pretende representar la Estatua de la Libertad.

Entre amigos

En 1865, el **historiador** francés René de Laboulaye mencionó la idea de construir un monumento a la independencia estadounidense. Sus palabras inspiraron al **escultor** francés Frédéric Bartholdi, quien creía que la historia de la revolución e independencia estadounidense era similar a la historia francesa. El monumento sería un símbolo de amistad entre los dos países.

Hay una **réplica** en tamaño natural de la llama de la Estatua de la Libertad en París, Francia.

La construcción de la estatua

La Estatua de la Libertad fue construida por trabajadores franceses y estadounidenses. Los franceses construyeron la estatua en Francia, mientras que los estadounidenses construyeron el **pedestal** en Nueva York. En 1885, la estatua fue desarmada, embalada en 214 cajas y enviada a Nueva York, donde fue rearmada.

El ingeniero francés Alexandre-Gustave Eiffel y el ingeniero estructural Maurice Koechlin construyeron el "esqueleto" de la estatua.

Un nuevo hogar

En junio de 1871, Frédéric Bartholdi viajó a los Estados Unidos. Cuando llegó al puerto de Nueva York, pasó por la isla de Bedloe y pensó que sería un lugar perfecto para colocar la Estatua de la Libertad. El gobierno estadounidense le concedió a Bertholdi el permiso para colocar la estatua allí. En 1956, se le cambió el nombre a la isla por el de isla de la Libertad. Hoy, solo se puede acceder a la isla con ferris autorizados.

La construcción de la Estatua de la Libertad costó **250 000 dólares.**

La bienvenida a los Estados Unidos

A fines del 1800, casi 12 millones de personas inmigraron a los Estados Unidos. Los que llegaban por el océano Atlántico solían pasar navegando por la Estatua de la Libertad. Para muchos de estos inmigrantes, la estatua representaba el comienzo de una vida mejor.

Todo sobre la isla Ellis

Muchos inmigrantes recién llegados debían pasar por la estación de migraciones de la isla Ellis para poder entrar a los Estados Unidos. Ubicada a 0,8 millas (1,3 kilómetros) al norte de la Isla de la Libertad, la isla Ellis ahora forma parte del Monumento Nacional de la Estatua de la Libertad.

La estación de migraciones de la isla Ellis se inauguró en 1892.

En su primer día de actividad, pasaron unas 700 personas por la estación de migraciones.

Casi el 40 por ciento de los estadounidenses tienen al menos un ancestro que pasó por la isla Ellis cuando llegó a los Estados Unidos.

La estación de migraciones de la isla Ellis cerró en 1954.

La altura

Para hacer la estatua, los trabajadores martillaron cientos de láminas gigantes de **cobre** sobre moldes de madera de la estatua. Las piezas de cobre se montaron sobre una estructura similar a un esqueleto hecha de hierro y **acero**.

La Estatua de la Libertad en cifras

La estatua sola mide 151 pies (46 m) de alto. Con el pedestal, mide 305 pies (93 m) de altura. Al momento de su construcción, era la estatua más alta del mundo.

Los símbolos de la libertad

La estatua sostiene una antorcha en alto como símbolo de libertad para todos. La tabla que sostiene la estatua tiene escrito "4 de julio de 1776". Esa es la fecha en que se firmó la **Declaración de la Independencia**. Juntos, estos dos símbolos representan la independencia y la libertad.

En **1984** se retiró la **antorcha** original de la estatua y ahora se encuentra exhibida en el **Museo de la Estatua de la Libertad** de la Isla de la Libertad.

JULY
IV
MDCCLXXVI

Cronología de la Estatua de la Libertad

1865	1875	1878	1883

Un monumento a la independencia de EE.UU.

Édouard René de Laboulaye sugiere la idea de que Francia celebre el **centenario** de la independencia de los Estados Unidos con una estatua.

Primeros pasos

Frédéric Bartholdi construye un modelo de la estatua en **yeso**. Laboulaye aprueba el modelo.

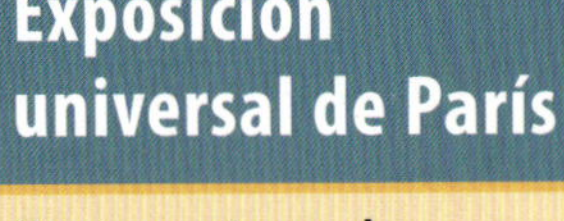

Exposición universal de París

Se terminan la cabeza y los hombros de la estatua y se exhiben por primera vez en la Feria Mundial de París.

El nuevo coloso

Emma Lazarus escribe el poema *El nuevo coloso*. El poema es donado a un remate organizado con el fin de recaudar fondos para la construcción del pedestal de la estatua.

1885 | 1984 | 2020

El viaje a América

La Estatua de la Libertad viaja a los Estados Unidos en un navío francés llamado *Isère* y queda guardada en un depósito por un año hasta que se termina de construir el pedestal. La estatua se inaugura al año siguiente.

Restauración

Casi un siglo después de su construcción, es sometida a un importante proceso de restauración. Permanece cubierta de andamios por casi dos años.

Pandemia del COVID-19

Por la **pandemia** del **COVID-19**, muchos monumentos de EE.UU. deben permanecer cerrados. Solo 516.000 personas visitan la Estatua de la Libertad. En 2019, la estatua había tenido cerca de 4,2 millones de visitantes.

Cuestionario sobre la Estatua de la Libertad

1 ¿Cuál es el nombre oficial de la Estatua de la Libertad?

2 ¿Qué fecha está escrita en la tabla que sostiene la Estatua de la Libertad?

3 ¿Cuántas personas pasaron por la estación de migraciones de la isla Ellis en el primer día de actividad?

4 ¿De qué está hecho el esqueleto de la Estatua de la Libertad?

5 ¿Qué está escrito en una placa en la entrada de la Estatua de la Libertad?

6 ¿Cómo se llamaba el barco que transportó a la Estatua de la Libertad a los Estados Unidos?

7 ¿Cómo se llamaba la isla de la Libertad antes de 1956?

8 ¿A quién se le ocurrió la idea de la Estatua de la Libertad?

RESPUESTAS

1. La libertad iluminando al mundo
2. 4 de julio de 1776 **3.** Cerca de 700
4. Hierro y acero **5.** El poema *El nuevo coloso* **6.** *Isère* **7.** Isla de Bedloe
8. Al historiador francés Édouard René de Laboulaye

Palabras clave

acero: tipo de metal que se forma mezclando sustancias químicas, particularmente hierro y carbono

centenario: centésimo aniversario

cobre: metal marrón rojizo fácilmente maleable

COVID-19: enfermedad viral que puede causar tos, fiebre y dificultad para respirar, entre otros síntomas

Declaración de la Independencia: documento que proclamó la separación de las colonias americanas de Gran Bretaña

escultor: artista que crea obras de arte tridimensionales, como estatuas

historiador: persona que estudia el pasado usando diferentes tipos de fuentes

pandemia: brote de una enfermedad que afecta a un gran porcentaje de la población mundial

pedestal: base que soporta a una estatua o columna

yeso: mezcla blanda de materiales como agua, cal y arena, que se endurece al secarse

Obtén lo mejor de los dos mundos

AV2 acorta la brecha entre lo impreso y lo digital.

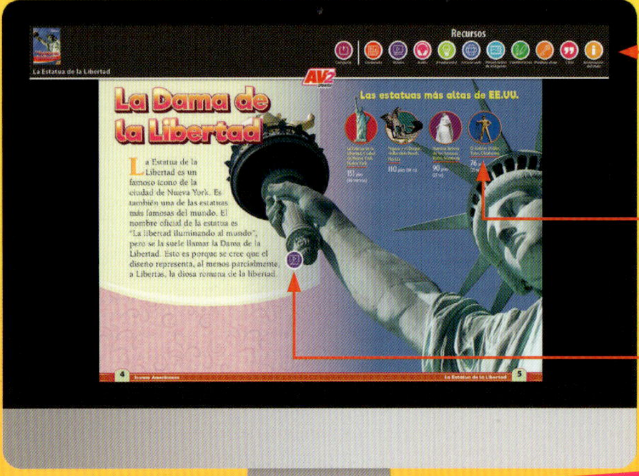

La barra de herramientas de recursos expansible permite acceder rápidamente a los contenidos, que incluyen **videos**, **audios**, **actividades, enlaces web**, **presentaciones de imágenes**, **cuestionarios** y **palabras clave**.

Los **videos animados** hacen que las imágenes estáticas cobren vida.

Los íconos de los recursos de cada página ayudan a los lectores a **explorar los conceptos más importantes**.

Published by AV2
276 5th Avenue, Suite 704 #917
New York, NY 10001
Website: www.av2books.com

Library of Congress Control Number: 2021941581

ISBN 978-1-7911-4128-8 (hardcover)
ISBN 978-1-7911-4129-5 (multi-user eBook)

Printed in Guangzhou, China
1 2 3 4 5 6 7 8 9 0 25 24 23 22 21

062021
101720

Designer: Terry Paulhus
Project Coordinator: Sara Cucini
Spanish Editor: Translation Services USA LLC

Photo Credits
Every reasonable effort has been made to trace ownership and to obtain permission to reprint copyright material. The publisher would be pleased to have any errors or omissions brought to its attention so that they may be corrected in subsequent printings. AV2 acknowledges Getty Images and Alamy as its primary image suppliers for this title.